Me Encanta Mi Mascota
EL PERRO

Aaron Carr

www.av2books.com

This AV² media enhanced book gives you a fully bilingual experience between English and Spanish to learn the vocabulary of both languages.

English

Spanish

AV² Bilingual Navigation

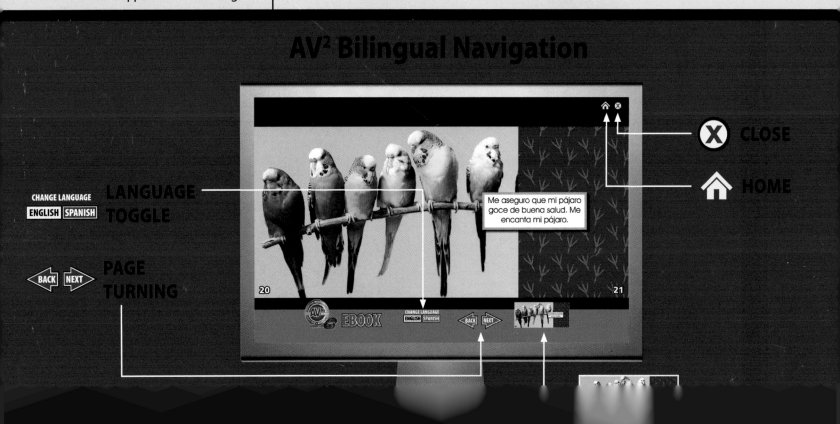

X CLOSE

HOME

LANGUAGE TOGGLE

CHANGE LANGUAGE
ENGLISH SPANISH

PAGE TURNING

BACK NEXT

Me aseguro que mi pájaro goce de buena salud. Me encanta mi pájaro.

Me Encanta Mi Mascota
EL PERRO

CONTENIDO

3

4

Me encanta mi perro.
Cuido bien de él.

6

Mi perro era un cachorrito.
Cuando nació, él no
podía ver ni oír.

Mi perro crece rápido.
Será adulto en un año.

El perro más pequeño del
mundo es un chihuahua que mide
cuatro pulgadas de altura.

Mi perro puede escuchar sonidos que yo no puedo oír. También puede voltear sus orejas hacia los sonidos.

Los perros usan dieciocho músculos para mover las orejas.

Mi perro puede correr muy rápido. Puede correr más rápido de lo que yo puedo andar en mi bicicleta.

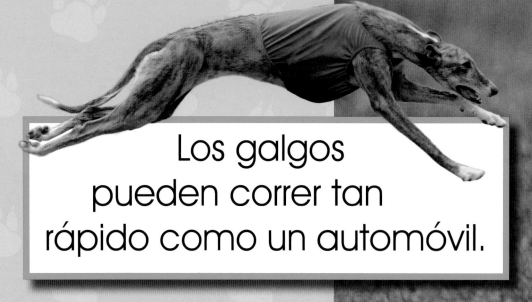

Los galgos pueden correr tan rápido como un automóvil.

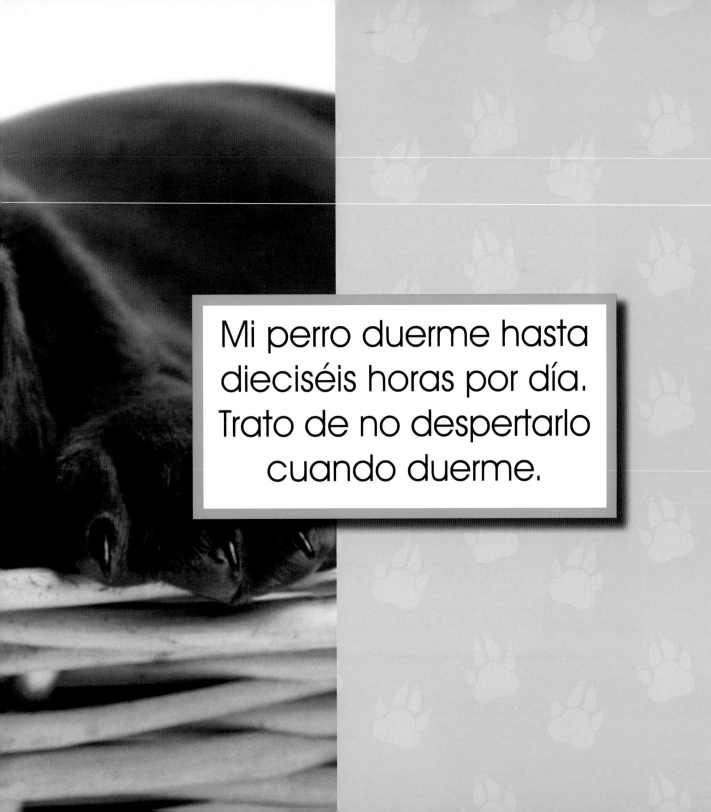

Mi perro duerme hasta dieciséis horas por día. Trato de no despertarlo cuando duerme.

Mi perro come sólo
dos veces al día.
A mí me toca darle
de comer.

El chocolate puede
enfermar a los perros.

Mi perro mastica para limpiarse los dientes.
Le doy huesos para masticar.

Ayudo a que mi perro goce de buena salud. Me encanta mi perro.

DATOS ACERCA DE LOS PERROS

Esta página proporciona más detalles acerca de los datos interesantes que se encuentran en este libro. Basta con mirar el número de página correspondiente que coincida con el dato.

Páginas 4–5

Me encanta mi perro. Cuido bien de él. Los perros son una de las mascotas más populares. Aproximadamente en uno de cada tres hogares en los Estados Unidos hay perros. Vienen en muchos tamaños, colores y razas. Criar a un perro es mucho trabajo. Necesitan alimento, paseos, baños y diversiones.

Páginas 6–7

Mi perro fue cachorrito. Cuando nació no podía ver ni oír, ni tenía dientes. Los cachorritos recién nacidos necesitan a su mamá para que los mantenga seguros y alimentados. Un cachorrito debe tener por lo menos ocho semanas de edad antes de ir a vivir a un nuevo hogar.

Páginas 8–9

Mi perro crece muy rápido. Será adulto en un año. Los perros maduran más rápido que la gente. Un perro de un año se compara con una persona de 15 años. A sus 15 años el perro es como una persona de 76. Los perros viven entre 10 y 15 años. A medida que envejecen, sus necesidades cambian. El veterinario te ayudará a que tu perro reciba el cuidado debido durante todas las etapas de su vida.

Páginas 10–11

Mi perro puede oír sonidos que yo no puedo oír. Los perros pueden oír cuatro veces mejor que los seres humanos. También pueden cerrar parte de sus oídos para concentrarse en un solo sonido. Los ruidos fuertes, como los truenos o las aspiradoras, pueden asustar a los perros e incluso lastimarles los oídos.

Páginas 12–13

Mi perro puede correr muy rápido, aún más rápido de lo que yo puedo andar en bicicleta. La mayoría de los perros pueden correr más rápido que los seres humanos. El galgo es el perro más veloz. Puede correr a más de cuarenta millas (64 kilómetros) por hora (más rápido de lo que una persona puede andar en bicicleta). Por lo general, deben correr entre 20 y 30 minutos por día.

Páginas 14–15

Mi perro duerme hasta dieciséis horas por día. Trato de no despertarlo cuando duerme. No se debe despertar a un perro dormido. La mayoría de las mordidas de perro suceden cuando se los despierta repentinamente. Necesitan bastante sueño y ejercicio para mantenerse saludables.

Páginas 16–17

Mi perro sólo come dos veces al día. Es mi trabajo darle de comer. A los perros, hay que alimentarlos aproximadamente a la misma hora todos los días. También necesitan beber agua varias veces al día. Algunos alimentos que comen los seres humanos pueden ser perjudiciales para los perros. Chocolate, pasas, uvas, cebollas y algunos frutos secos son venenosos para los perros.

Páginas 18–19

Mi perro mastica para limpiarse los dientes. Le doy huesos para masticar. Los perros necesitan masticar huesos o juguetes para mantener sus dientes limpios. Los perros deben limpiarse los dientes al menos dos veces por semana. Es bueno que el veterinario les examine los dientes cada año. Mantener sus dientes limpios les ayuda a evitar muchas enfermedades.

Páginas 20–21

Ayudo a que mi perro goce de buena salud. Me encanta mi perro. Los perros necesitan chequeos regulares. La mayoría deberían ir al veterinario por lo menos una vez al año. Los cachorros deberían ser vacunados entre las 6 y 8 semanas de edad. Si tu perro está enfermo, llévalo al veterinario inmediatamente.

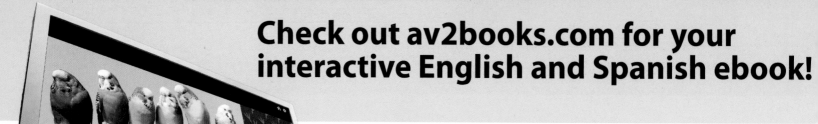

Published by AV² by Weigl
350 5th Avenue, 59th Floor New York, NY 10118
Website: www.av2books.com   www.weigl.com

Carr, Aaron.
 [Dog. Spanish]
 El perro / Aaron Carr.
    p. cm. -- (Adoro a mi mascota)
 ISBN 978-1-61913-182-8 (hardcover : alk. paper)
 1. Dogs--Juvenile literature. I. Title.
 SF426.5.C37618 2012
 636.7--dc23
                              2012020168

Printed in the United States of America in North Mankato, Minnesota
1 2 3 4 5 6 7 8 9 0 16 15 14 13 12

012012
WEP170112

Senior Editor: Heather Kissock
Art Director: Terry Paulhus

Weigl acknowledges Getty Images as the primary image supplier for this title.